paroxismo
poesía

La noche de Ohio

Miguel Alejandro Valerio

paroxismo
poesía

¡Hecho con el corazón en México!

Este libro se realizó sin ningún tipo de apoyo económico y/o editorial externo a Editorial Paroxismo.

¡NOS DECLARAMOS UNA EDITORIAL INDEPENDIENTE!

Diseño de la colección: Albán Aira
Portada: foto de Tessa Claire Gurney, Columbus, OH
Primera edición: febrero, 2015
Todos los derechos reservados
Del texto: ©Miguel Alejandro Valerio
De la edición: ©Editorial Paroxismo

ISBN-10: 0692394206

Manuel Carpio 70   1123 Greenfield Avenue
Santa María la Ribera   Pittsburgh, PA
México, DF, 06400   USA, 15217
www.editorial-paroxismo.com

Impreso en el Gabacho

Confuso errando en bellas soledades...

BERNABÉ GASCÓN RIQUELME

LA PIEDRA DE CADA DÍA

En Los presentes de la muerte, *Miguel Valerio se revela como un poeta sobrio, contenido, reticente a toda estridencia o experimento verbal gratuito y, a la vez, nos ofrece una intimidad desnuda y sabiamente dicha. En ello reside, creo, la emoción de sus poemas, ya que, en literatura, la sinceridad no es una cuestión ética sino estética. Como lo prueba* La noche de Ohio, *esa sinceridad no se disfraza sino que, al contrario, define cada poema. Aquí, los dones y la presencia de la muerte dejan paso a los dones y la presencia de la noche. La noche, metáfora tradicional de la muerte, es aquí el escenario y la sustancia misma de la vida. La soledad y la certeza del tiempo destructor cercan al sujeto de estas páginas. Rodeado de oscuridad, a Sísifo no le queda más que empujar la piedra de la memoria. Sin embargo, a veces, el rodar de la piedra suscita, como por fricción, un recuerdo que, por un instante, ilumina: "he vuelto sin volver /*

adonde no se vuelve / ya que nunca se parte." El tiempo es lo que huye, pero también, como la piedra del mito, es lo que permanece. "Somos el tiempo (...) Y sin embargo hay algo que se queda / y sin embargo hay algo que se queja," dijo Borges. Alguna vez Miguel me confió que quería escribir más sobre la vida y menos sobre la muerte. Yo creo que su poesía está llena de infancia, de íntimos de carne y hueso que aparecen y desaparecen como luces en la noche, de nombres de frutas y de niñas, de días y noches arrancados al tiempo, y también de olvidos, de huecos que duelen, pero que son formas inequívocas de la vida. Pues es posible vivir sin memoria, no sin olvido (Nietzsche). Y tan necesario como olvidar el pasado, es "olvidar el futuro," es decir, vivir el presente. Declara el poeta: "Esta piedra es mi fiel amada." Esta piedra, el día de hoy, desde donde el sujeto ve pasar a los desconocidos —esos desconocidos que también son él, pues el tiempo nos hace plurales— "como este viejo río / que no cede su llave." Enigma, soledad y noche es este libro en que el valle de

Ohio se confunde con el Valle Cibao y alguien, "un niño viejo," escribe desde la oscura lucidez como si hiciera rodar una piedra sin nombre.

Guillermo Ruiz Plaza

CÓMO OLVIDAR

Infancia

Mi infancia son recuerdos y olvidos
que tejo y destejo
como Penélope, día a día,
noche a noche.

Un solar infinito, comunal,
donde azahares y jazmines,
cerezos y mangos en flor,
limones y aguacates floridos
anunciaban el fin de curso.

Dos ríos liminales
en cuya brevedad los muchachos
alegramos innumerables tardes
y pasamos dos o tres sustos.

Ecos vagos de un aula
y de un maestro dictatorial.

El retrato de una niña vieja
—mi abuela madre—
torcida sobre un fogón
como Sísifo sobre su piedra.

Una mañana lluviosa
con la que terminó el día
y comenzó la noche.

Yamagui

A Banni

Vuelvo a Washington Heights
para el cumpleaños de mi tía
que hace menos de un año llegó
le pregunto por el nombre
de aquel mango que se daba
en nuestro patio
(que después fue ajeno)
y me devuelve esa palabra
que se me había escapado
con la lluvia y los años de exilio
Almorzamos como cuando
yo sabía esa palabra
y la mesa aún era la única agenda necesaria

Tomo café

Salgo a pasear

por la Duarte de esta orilla

donde rostros nuevos

se me hacen conocidos

entre olores y sonidos familiares

He vuelto sin volver

adonde no se vuelve

ya que nunca se parte

Donde fuimos niños

*A mis hermanos, primos
y otros compañeros de infancia*

Con este sol

Bajo este árbol

Por esta vereda

En esta casa

En este jardín

Bajo la lluvia

En este patio

En este otro

En este valle

En este río

En este otro

Mil y un pasatiempos de nuestra invención

Una mañana partimos por esta calle

Que hoy recorro sin llegar nunca al lugar

Donde fuimos niños

Villa

In memoriam
Jesús Urzagasti
1941-2013

Qué habrá sido de mi pueblo
que nunca fue mío?

Seguirán aquellas casas temerarias
sobre la colina solitarias?

Volverán los hombres los miércoles
al parque de los partidos de béisbol?

Y los muchachos, volveremos al río
todas las tardes de este verano?

Antonia

Qué habrá sido de aquella anciana lejana
que se aparecía por casa de vez en cuando?

Venías de lejos. Del origen.
Del semen de mi tatarabuelo.

Pero no es tu suerte la que me preocupa en esta hora
sino la de tu Quasimodo olvidado.

Qué solo se tuvo que haber quedado
después de tu muerte!

Carmen

Carmen, te acuerdas de cuando la noche
era la hora más esperada para nosotros?

Éramos dos niños sietemesinos
que ingresábamos a tientas
en la noche del deseo
como dos llamas vivas.

Pero a pesar de todo
no se rompió la magia de la inocencia.

Qué estarás haciendo esta noche de san Juan
mientras un niño viejo
trata de recordar tu cuerpo niño?

À la recherche du temps perdu

A Luisa

I

He olvidado tu nombre

y el de aquella muchacha

que un día de aventuras fraternales

por las lejanas riberas del río del pueblo

me llevó hasta tu cocina

pero cómo olvidar el milagro

de tus habichuelas

En vano espero

el fin de curso

todos los años

para salir corriendo

hasta tu cocina

II

Si hubiera Dios

y hubiera cielo

este milagro

a los ángeles

les pediría:

que me traigan

las habichuelas

jamás mejor cocidas

en olla de tierra

con leña añeja

y especias de tu huerta

Coda

Viajero, si por su casa pasas

dile que en la noche de Ohio espero esas habichuelas

como se espera en el infierno el cielo

Patio escolar

Una diáfana y plácida
tarde aldeana.
Los muchachos,
cada uno en su salón,
aprenden la lección.
–Dos por dos? –Cuatro!
–Dos por tres? –Seis!
Pronto el maestro
sonará la campana
y saldremos al recreo.
Los muchachos,
cada uno en busca
de su rincón,
romperán el silencio
del pueblo muerto.

Miss Wendy González

Qué habrá sido de Miss Wendy González

y su cabellera exótica y su cuerpo

de ébano esbelto y sus ojos grandes

como dos preguntas?

A qué niño advenedizo

le estará impartiendo

su primera lección

de inglés esta tarde

con aquellas cinco

reglas disciplinarias

envueltas con cinta americana

que me enseñaron

 que *motherfucker*

era mala palabra?

Coda

Por qué perdura su nombre

cuando he olvidado tantas verónicas?

Más allá de los árboles

...mai piú ti rivedrò in mia vita
ma è tanto dolce sognare con te.
PAVESE

Hace diez años que dejé de pronunciar tu nombre.

Hasta que estos versos

me trajeron tu aroma

de aquellas tardes solariegas

en que agonizábamos el uno por el otro

sin decirnos nada.

Hasta aquel retorno

de nuevas miradas.

Ya no te volveré a ver

–esa niña morena y ágil de entonces–

pero es dulce soñar

que tú aún me sueñas.

Como yo también te he soñado esta noche.

Manuelito

...no saben qué cosa es vergüenza...
GONZALO FERNÁNDEZ DE OVIEDO

I

Afuera cae un aguacero de esos

que recoge la gente

como el crepúsculo los pájaros

y me han entrado

unas ganas infinitas de quitarme

todo y salir corriendo

como cuando éramos niños, Manuelito.

Pero ya ustedes no quieren

que las muchachas les vean sus vergüenzas.

Eso fue crecer para nosotros, Manuelito.

Esconder, poco a poco, nuestra inocencia

con este amargo uniforme que llamamos rutina.

II

Hoy me he dado cuenta, Manuelito,

que de vez en cuando yo me pongo

el viejo uniforme escolar –los pantalones

color café con mucha leche (como

el que desayunábamos cuando

las cosas andaban bien) y la camisa

celeste (como el cielo de nuestras

tardes escolares)– sin darme cuenta.

Coda

Por qué no cambian estos recuerdos

mientras yo siempre estoy cambiando?

POEMAS DE SÍSIFO

A Guillermo

Les dieux avaient condamné Sisyphe à rouler sans cesse un rocher jusqu'au sommet d'une montagne d'où la pierre retombait par son propre poids. Ils avaient pensé avec quelque raison qu'il n'est pas de punition plus terrible que le travail inutile et sans espoir.

CAMUS

...inque tuo sedisti, Sisyphe, saxo.

OVIDIO

1

Soy Sísifo y vengo a reclamar

mi porción de tiempo

2

Caníbal de los sueños

he consumido todas mis horas de sosiego

3

Mi nombre es el espejo gastado

de una noche sin fondo

4

Quisiera ir por la calle

y que nadie sepa mi castigo

5

Necesito olvidar el futuro

6

Todas las ventanas

me ofrecen

el mismo panorama

7

Esta piedra es mi fiel amada

8

Ya la muerte ha venido en sus ojos

9

No es toda noche

la noche de Sísifo

10

Mi alegría será acostarme una noche

y dormirme para siempre

11

El bien y el mal, el amor y el odio

son una sola cosa en mí

12

En vano he buscado tu rostro

en todos los otros

LECTURAS

A Eduardo

Pessoa va a Oxford

A Pedro

En esta versión Pessoa va a Oxford

estudia los griegos los latinos los ingleses

conoce una chica irresistible

se recibe en filología inglesa

contrae nupcias / consigue una plaza en Cambridge

se compra un country flat inglés

engendra cinco hijos / vive sin pesares

no se interroga nada / pasan los años

pero nadie se detiene en ello

un buen día se muere el plácido anciano

a los cien años / sus colegas de la cátedra

asisten a sus exequias / los periódicos locales

le dedican elocuentes elegías

pero un buen día ya nadie se acuerda de él

Gracias a los dioses nada de esto nunca sucedió

Bobby Fischer

También el jugador es prisionero
de negras noches y de blancos días.
BORGES

Rey del tablero, un negro día de soledad

se encerró en una negra torre gótica

de infinitos horrores medievales

y en su negro caballo de ensueño

cabalgó más allá de los confines.

En vano buscó la reina yugoslava

sacarle al sol. Hasta que en el blanco

día de Islandia, entre blancas ovejas

y blancos caballos, se acabó la partida.

Ya no había dualidad en su paisaje.

Se había acabado el oscuro juego

que un día de luz y tinieblas, en su cabeza

empezara. Y ya no será el mismo

el tablero en que amanezca mañana.

La muerte lenta de los héroes

> *If I return, I quit immortal praise*
> *For years on years, and long–extended days.*
> HOMERO

Cuando Mandela cayó enfermo

yo buscaba todos los días

en los periódicos noticias

de su estado. Pero las pocas

que llevaban su nombre

sólo hablaban de riñas

familiares. Qué rutinaria, Madiba,

la muerte lenta de los héroes.

Angiolieri

Se fossi morto, andrei da mio padre.

Bécquer

Dios mío, qué solos
se quedan los vivos.

Rosalía

Airiños, airiños aires,

airiños da miña terra;

airiños, airiños aires,

airiños, afastádeme dela.

Mistral

In memoriam
María de los Ángeles Valerio

Del nicho helado en que tus hijos te pusieron
te bajaré a la tierra humilde y soleada.

Huidobro

A Katerina

Tu cabellera al desatarse hace el día
Tu cabellera al recogerse hace la noche

Vallejo

La noche es buena para decir adiós.
JOSÉ MARTÍ

Me moriré en cualquier parte
una noche como esta.

Fotos de viaje

A Katerina

Quiénes serán los desconocidos
que nos llevamos en nuestras fotos de viaje?

Qué desconocido –que quizás
no retratamos– nos llevó en las suyas?

Qué desconocido se nos quedó sin retratar?
Qué desconocido se quedó sin retratarnos?

Oviedo
4–VII–'11

INTERMEZZO AMOROSO

Poema de amor

La femme naît à l'ombre de ce mythe.
FRANCINE MALLET

Mujer

harán falta

mil siglos

de silencio

para volver

a decir

tu nombre

sin espumas

Sombra de amor

I

Desnuda eres como una niña en mis brazos.

Tienes el cuerpo de la Venus de Velázquez

Y de las mujeres que se peinan de Degas.

Como ellas, me das la espalda cada noche.

Me he preguntado por qué te duermes así.

¿Por qué te fías de mí en tan poco tiempo?

Tu aparente seguridad me aterroriza.

¿Me toca rendirme de igual manera?

Venus que te peinas en mis sueños

Quiero contar tus lunares, tus estrellas.

Pero no quiero entregarme como tú.

Quiero hacer la guardia de tu cuerpo,

Contemplarlo como observa el tigre

los huesos de su víctima, mustio.

II

Contar tus lunares es contar estrellas.
Tu espalda me basta para una vida.

Tu espalda es como las noches
sin electricidad de mi infancia.

Tu espalda es un muro
que me defiende del mundo.

Aquí, detrás de tu espalda,
sería feliz varias eternidades.

No despiertes. No te levantes.
Y si te tienes que ir, déjame tu espalda.

Qué difícil quererte

Quererte

es nadar contracorriente

te quiero al revés

pero eres al revés

así eres

contradictoria

por principio

das el sí

y el no

el me gusta

y el no

el te quiero

y el te odio

intercambiablemente

y sin embargo te quiero

mi pequeña España asturiana

aunque nunca te confiese

el terror que me causa

vivir a sabiendas que lo nuestro

(ojalá no sea

con la muerte

—porque nos moriríamos

de pena—)

un buen día

ha de acabarse

A ORILLAS DEL OLENTANGY

1

Noche clara de Ohio

que se prolonga, cálida

como los días de verano,

donde los patios rebosan

con sobremesas y picardías infantiles,

donde siempre frente a un bar

zumba un panal de fumadores,

donde los enamorados aún

salen a pasear con el crepúsculo,

y yo, con ojos celosos,

los miro pasar,

como a este viejo río

que no cede su llave.

2

Yo era como el aire.

Ahora soy como este río:

prisionero de su caudal.

3

Te llamamos Olentangy
pero eres Aqueronte
atravesado por un puente:
de un lado la vida
del otro la muerte.

En busca del hijo de María

(Epílogo a *Los presentes de la muerte*)

1

Un fantasma me persigue:
el neonato que –dicen las malas lenguas–
dejaste (o perdiste) en la capital
–donde hoy el rostro calcinado de un mendigo
me ha puesto los pelos de punta
como cuando nos encontramos
con nuestro propio destino,
el otro, el que esquivamos
sin ningún mérito.

2

Por cuál de estas calles laberínticas
te perdiste y lo perdiste?

Sin letra y sin número
—moneda de intercambio
del Minotauro urbano—
yo también me hubiese perdido.

3

Ya he olvidado tu rostro.

Y sin embargo, lo veo en todos.

Santo Domingo
4–VIII–'14

LA NOCHE DE OHIO

Natural de la noche soy producto de un viaje.
PEDRO MIR

Cuando la noche se planta en mis ventanas

le cierro las persianas y le corro las cortinas

porque le tengo miedo a esa caja de Pandora

siempre le he tenido miedo

de niño cuando tenía que enfrentarme

con ella a solas

siempre me armaba de terror

especialmente por los alrededores

de aquel árbol gigante que aun de día

hacía la noche con su sombra

y ni hablar del arroyo poblado

de luciérnagas y de murmullos

al que nunca se descendía de noche

como la noche del Bronx

con la cual uno jamás se quiere encontrar

pero en Manhattan nunca oscurece

allí las noches a las tardes son iguales

pero no estoy en Manhattan

sino en el Valle de Ohio

donde la noche es la misma del Valle Cibao

por eso cuando se planta en mis ventanas

le cierro las persianas y le corro las cortinas

porque estoy solo

sin la bisabuela sacada de las mil y una noches

que me legó el miedo a esa caja de Pandora

con sus cuentos medievales

sin la abuela cuya voz era la luz del día

sin los tíos protectores

sin las voces cálidas de los primos

sin el calor de los hermanos en el lecho familiar

sin Carmen esperándome

detrás de la casa de su abuela

solo en la noche entre cuatro paredes

pongo la comedia de Ray Romano

para olvidar que estoy solo en la noche de Ohio

aunque me fuera a un bar

aún estaría solo en la noche de Ohio

aunque volviera a Manhattan

aún estaría solo en la noche de Ohio

aunque volviera al Cibao

aún estaría solo en la noche de Ohio

ÍNDICE

LECTURAS

INTERMEZZO AMOROSO

A ORILLAS DEL OLENTANGY

SOBRE EL AUTOR

Miguel Alejandro Valerio (República Dominicana, 1985). Licenciado en filosofía y máster en literatura y lengua española por St. John's University, NY; doctorando en literatura y cultura latinoamericana en The Ohio State University. Ganador del I Premio Interuniversitario de Poesía de esta editorial con *Los presentes de la muerte* (2013).

La noche de

Ohio
de
Miguel Alejandro Valerio
se imprime en febrero de 2015
en una imprenta gringa
cuando en nuestro país
la crueldad
parece la voz
del espíritu.

¡Hecho con el corazón en México!

www.editorial-paroxismo.com

www.ingramcontent.com/pod-product-compliance
Lightning Source LLC
Chambersburg PA
CBHW021133020426
42331CB00005B/758